Allitera Verlag

MICHAEL GROIẞMEIER, geboren am 21.2.1935 in München, lebt in Dachau. Lyriker und Erzähler. Zahlreiche Buchpublikationen: Lyrik, deutsches Haiku, Kurzprosa, autobiografischer Roman »Der Zögling«. Bürgermedaille der Großen Kreisstadt Dachau, Ehrengabe zur Förderung des Schrifttums, Verdienstkreuz am Bande des Verdienstordens der Bundesrepublik Deutschland, Bayerischer Poetentaler, Ehrengast der Deutschen Akademie Villa Massimo in Rom. Der literarische Vorlass befindet sich beim Literaturarchiv Monacensia der Landeshauptstadt München und im Stadtarchiv der Großen Kreisstadt Dachau.

Michael Groißmeier

Die Zeitmühle

Gedichte

Allitera Verlag

Weitere Informationen über den Verlag und sein Programm unter:
www.allitera.de

Bibliographische Information der Deutschen Bibliothek
Die Deutsche Bibliothek verzeichnet diese Publikation in der Deutschen Nationalbibliographie; detaillierte bibliographische Daten sind im Internet über <http://dnb.ddb.de> abrufbar.

Mai 2020
Allitera Verlag
Ein Imprint der Buch&media GmbH, München

Satz & Umschlaggestaltung: Franziska Gumpp
Printed in Germany · ISBN 978-3-96233-233-4

Für Margit und Andrea

In jenen Tagen waren die Gedanken und Gefühle, die sich auf Gott bezogen, meine hauptsächlichste Seelenspeise und das Schönste und Beste, was ich überhaupt im Leben hatte.

Maxim Gorki

Warum sollte also irgend ein Andrej Jefimytsch oder eine Matriona Sawischna nicht Schmerzen ertragen, deren Leben inhaltlos ist und völlig leer wäre und dem Leben der Amöben gliche, wenn die Leiden nicht wären.

Anton Tschechow

Krank

Nach Äpfeln duftete mein Zimmer,
die Mutter auf dem Schrank bewahrte.
Ein Husten quälte mich, ein schlimmer.
Sie rieb mich ein mit einer Schwarte.

Dann träumte mir von Kraut und Würsten.
Als ich erwachte, war dahin der Husten.
Gewaltig doch begann es mich zu dürsten.
Die Blumen in der Vase mußten

aufs Wasser alsobald verzichten.
Die Sonne lachte durch das Fenster.
Mich hielt's im Bett mit Bleigewichten
ob mathematischer Gespenster.

Sie lauerten in Schulbuchseiten
auf mich, daß ich mit Fleiß sie zähme.
Das waren Unannehmlichkeiten,
die ich betrachtete mit Häme.

Drum mimte ich noch ein paar Tage
den Kranken und trieb hoch das Fieber.
Die Lehrer waren eine Plage!
Das Geigespielen war mir lieber!

KZ-Friedhof auf der Leit'n

Die Leit'n ward zum Massengrab,
auf der als Kind gespielt ich hab.
Ich lag im hohen Gras und schaute
hinauf zum Himmel, dem ich traute.

Noch war die Kinderseele rein.
Ich glaubte an das Jesulein,
dem Wort des Priesters, der mich lehrte
Gehorsam mit der Haselgerte.

Ich sah die Fuhren mit den Toten,
bewacht scharf von SS-Heloten.
In Augen habe ich gesehn:
Kein Schimmer mehr vom Auferstehn!

Ich hab verwestes Fleisch gerochen.
Da ist der Glaube mir zerbrochen
an Menschlichkeit, Barmherzigkeit.
Die Wunde heilt auch nicht die Zeit.

Die Höhle

... ruhig wohnte die Kindheit
in blauer Höhle.
Georg Trakl

Wir gruben in den Sandberg eine Höhle,
obwohl die Eltern uns davor gewarnt.
Hoch über uns der Wachmannschaft Gegröhle,
das Massengrab, mit einer Bretterwand getarnt.

Wir hörten, wie sie mit den Spaten gruben,
und wie die Toten plumpsten dumpf herab.
Fein rieselte der Sand. Wenn er uns Buben
verschüttete, die Höhle würde uns zum Grab,
indes man denen droben den Genickschuß gab.

Die Befreier, 1945

Sie wollten uns erschießen,
den Vater, Mutter, Schwester, mich!
Sie wollten Blut vergießen!
Das Urteil war ein Federstrich.

Sie fanden zwei Pistolen,
worauf die Todesstrafe stand.
Wir weinten, Gott befohlen.
Sie stellten uns nicht an die Wand.

Was hat davon sie abgehalten?
Zum Himmel unser Stoßgebet?
Dem bleibt nur noch das Händefalten,
der vorm Erschießen steht!

Mit zehn

Die Mutter liebte Wiesenblumen.
Ein frischer Strauß stand immer auf dem Tisch.
Ich büffelte Latein: lux, lumen.
Die Mutter werkte mit dem Flederwisch.

Dann aber griff ich mir die Geige
und übte Bach, am liebsten die Chaconne,
und ging im Krug das Bier zur Neige,
dann ward zum Ganymed des Vaters Sohn.

Die Schnur zum Himmel

Ich ließ den Drachen steigen,
der Wind ihn mir entriß.
Die Schnur in meinen Händen,
nur die blieb mir gewiß.

Ich sah den Drachen fliegen,
wohin, war ungewiß.
Heut aber weiß ich eines:
Die Schnur zum Himmel riß.

Mein Vorfahr

Er war ein Ackerknecht,
der für den Grundherrn pflügte.
Es gab für ihn kein Recht,
des Herrn Befehl genügte.

Am Feldkreuz hielt er Rast,
das trockne Brot er kaute,
doch fand er Trost bei aller Last,
wenn er den Dulder schaute.

Ein Stückchen Erde war
ihm aber doch zu eigen,
ein allzu kleines zwar,
verborgen unter Zweigen.

Das ist ein kühler Grund,
so recht zur langen Ruhe,
und wenn ihm schlägt die Stund,
zum Aufstehn aus der Truhe.

Mein Dorf

Mein Dorf, umgeben dicht von Schlehen
in voller Blüt, wie eingeschneit.
Die lärmerfüllte Welt ist weit.
Hier spürt man fast kein Zeitvergehen.

Die Gräber ruhen in der Stille,
blau überhaucht vom Ehrenpreis.
Man hört die Toten atmen leis,
schweigt einen Augenblick die Grille.

Sie harren ihrer Auferstehung
in Demut, so wie sie gelebt.
Mein Dorf, die Schlehenblüte webt
es ein in sanfte Schneeverwehung.

Im Moos

Hier läßt sichs atmen.
Georg Britting

Hier läßt sichs atmen leicht.
Der Himmel überm Moos
erscheint so grenzenlos.
Ob er bis Eden reicht?

Den Himmel färbt der Föhn
durchsichtig tief mit Blau,
als ob man Eden schau
von ferner Firnen Höhn.

Wenn Wind durch Birken streicht,
klingt's nicht wie Harfenton,
als sei es Eden schon?
Auch dort der Atem leicht!

Blumengedicht

Den Anfang des Gedichts
raunt mir die Rose zu,
das End der Frauenschuh,
die Bündelung des Lichts.

Die Blumensprache wag
ich nachzusprechen leis.
Wenn ich nicht weiter weiß,
die Blumen ich befrag.

Sie alle geizen nicht
mit Düften, die ihr Wort.
Ich schreibe immerfort
nur nieder ihr Gedicht.

Meine Verse

Hätt ich der Ackerwinde Trichter,
ich hörte den Gesang der Sphären.
Dann aber wären
wohl meine Verse schlichter.

In Demut vor dem Unsichtbaren,
der die Gestirne bringt zum Klingen,
würd, alt an Jahren,
ich meine Verse singen!

Carmen

Ich strecke meine Arme
der Sonne entgegen.
Ich möchte sie umarmen -
wessentwegen?

Der Glühenden, Sengenden,
Wärmenden, Spendenden,
der Göttlichen,
niemals Endenden

strecke ich meine Arme entgegen.
Ich möchte sie umarmen,
mit ihr verschmelzen
zum unendlichen Carmen!

Die Stunde des Gedichts

Teichrose, Majestät,
du Königin des Lichts!
Schon ist die Stunde spät,
die Stunde des Gedichts.

Geschlossen hast du längst
die Blüte zu der Nacht.
O Vers, du mich bedrängst,
von wem mir zugedacht?

Teichrose, morgen früh,
wenn du mir leuchtest neu,
zu End des Dichtens Müh,
bleibt dir mein Vers getreu!

Das Grosse im Kleinen

Ich preis die kleinen Dinge,
den Käfer und den Schmetterling,
im Teich die Wasserringe,
den Wurm und auch den Engerling.

Im Kleinen zeigt sich uns das Große,
der Stern im Käferaug,
die Morgenröte in der Rose,
das Staubkorn, das dem Schöpfer taug.

Beim Schreiben

Der Königskerze Licht,
es leuchtet mir beim Schreiben.
Nicht dauert mein Gedicht.
Die Königskerze doch wird bleiben.

Die kurze Spanne Zeit,
die mir noch zugemessen,
läßt mein Gedicht die Düsterkeit
des Daseins mich vergessen.

Ich ahn das Paradies,
schon atmend Duft der Asphodelen,
wenn ich in Verse gieß
der irdschen Blumen Seelen.

Die Lautlosigkeit des Lichts

Das Licht, das lautlos leuchtet,
ich aber kann es hören.
Der dir das Auge feuchtet,
mein Vers kann es beschwören.

Ich bann das lautlos Lichte
des Vollmonds in den Föhren
in Verse und Gedichte.
Lies sie, dann kannst du's hören!

Die Schattenschrift

Nachts an meine Zimmerwand
schreibt mir eine Schattenhand
Verse hin in Mandarin.

Senk dich, Geist, auf mich herab,
gib mir deines Geistes Gab,
bis der Schrift ich mächtig bin!

Der Trost des Weines

Ich lausch der Matutin
des Winds beim Verse Schreiben.
Dann les ich Hölderlin
und laß das Schreiben bleiben.

Wie ärmlich mein Gedicht!
Wie »heilig nüchtern« seines!
Der Lorbeerkranz gebührt mir nicht!
Ich such den Trost des Weines!

Was bleibt

Was bleibt, sind Gedichte.
Durs Grünbein

Was bleibt, sind Gedichte,
der Bodensatz der Seele -
und Lieder, schlichte,
aus einer Vogelkehle.

Es gleichen sich doch beide
in ihrer Seelenreinheit!
Was sie auch unterscheide,
es bleibt die Seeleneinheit!

Das Gedicht

Ob meine Verse dauern,
ich aber weiß es nicht.
Doch wird sie überdauern
das ewge Sonnenlicht.

Sanft schreibt an weiße Mauern
Laubschatten ein Gedicht.
Ich ahne, es wird dauern.
Ich überleb es nicht.

Schreiben

Ich aber kann's nicht lassen:
Was vorschreibt mir ein Vogelzug,
muß ich in Reime fassen!
Nur atmen ist mir nicht genug,

genug nicht lieben, hassen!
Nicht schreiben wär mir wie Betrug,
wie Hans in allen Gassen,
der in den Wind sein Dasein schlug!

Das Wort I

Und das Wort ist Fleisch geworden.
Leicht geht es den Heutigen von der Lippe.
Dafür bekommen sie einen Orden,
indessen der schon wartet mit der Hippe.

Und das Wort ist Fleisch geworden.
Das Wort der Heutigen ist nur Gewippe.
Gewiß ist ihnen der Beifall der Horden.
Am Ende Erde drüber, eine Schippe.

Das Wort II

... verloren ist kein Wort.
Joseph von Eichendorff

Verloren ist das Wort,
wenn es im Mund verbleibt!
Das ist der stillste Ort,
in dem ein Wort sich leibt.

O Zunge, stoß es fort,
daß es im Mund nicht bleibt!
Wert ist ein edles Wort,
daß man es spricht und schreibt!

Sein Wort

Sein nie gesprochnes Wort,
wer wird es hören?
Doch er schweigt immerfort,
den wir beschwören!

Aus allen Dingen spricht
zu uns der Eine,
wir aber hören's nicht,
so taub wie Steine.

In allem webt sein Wort,
unausgesprochen.
Sein Schweigen immerfort,
wann wird's gebrochen?

Kein Übermut!

In meinem Lied ein Reim
käme mir fast vor wie Übermut.
Bertolt Brecht

In meinem Lied ein Reim,
ist's wirklich Übermut?
Es bändigt mir der Reim
doch der Gedanken Flut!

Zwäng ich sie nicht in strenges Bett,
quöll über mir die Flut!
Mir ist es kein Prokrustesbett,
in dem sich's lustvoll oder qualvoll ruht!

Mich der Reimer

In meinem Lied ein Reim
käme mir fast vor wie Übermut.
Bertolt Brecht

Ich bin nicht übermütig,
wenn ich reime!
Ich bin nur wütig,
wenn man meint, ich schleime!

Der Reim ist kein Prokrustesbett,
in das ich meine Verse zwinge!
Ich habe vorm Hirn kein Brett,
ich seh nur etwas anders die Dinge!

Der Reim lenkt meine Gedanken
in geordnete Bahnen.
Er setzt mir keine Schranken,
er läßt mich seinen Wohllaut ahnen.

Der Reim läßt sie nicht ausufern,
meine Einfälle.
Ich höhne den neunmalklugen Paarhufern,
die gegen mich schleudern ihre hülsigen Wortbälle!

Der Reim

Der Reim ist heilig.
Franz Werfel

Der Reim ist heilig
wie das Augenpaar!
Ein Aug: langweilig!
Zwei nur sehen klar!

Den Vers vollendet
nur der Reim allein!
Was reimlos blendet,
oft ist es nur Schein!

Ist wirklich heilig
alles, was sich reimt?
Oft scheint zu eilig,
was sich reimt, geleimt!

Würze für das Gedicht

Verachtet mir die Reime nicht,
wenn sie ein wahrer Meister fügt!
Das ist noch lange kein Gedicht,
was starren Regeln nur genügt!

Der Inhalt auch bleibt seelenlos,
wenn nüchtern der Verstand nur spricht!
Ein bißchen Herz würzt erst die Soß,
attisches Salz erst das Gedicht!

Euterpe

... o Dichtkunst, die das Leben lindert ...
Friedrich von Hagedorn

O Dichtkunst, die das Leben lindert,
den Schmerz des Sterbens uns versüßt,
die mich, an Gott zu glauben, hindert,
mich, der für seine Arglist büßt!

Euterpe, die ich anerkenne
als Leitstern, meines Lebens Licht,
und die ich meine Göttin nenne,
sie gibt mir Kraft und Zuversicht!

Euterpe, Gönnerin der Dichter,
lockst nicht mit der Erkenntnis Frucht
wie Gott, der ungerechte Richter,
der sündgen läßt und dann verflucht!

Euterpe getreu

Hab keinen Ruhm genossen.
Mit meiner Dichterei
ist mir die Zeit verflossen.
Jedoch, ich war stets frei!

Zu keinem Dank verpflichtet
der tumben Obrigkeit,
hab ich nichts als gedichtet,
von jedem Amt befreit.

Ich war niemands Genosse,
Euterpe nur getreu.
Elias' Feuerrosse,
wie ich mich auf sie freu!

Schreiben

Wie gerne ich die Beeren
bewispere, die Nuß,
mag man mich auch belehren,
wie heut man dichten muß!

Das Gute, Wahre, Schöne
ist Maßstab immerfort,
wie mich man auch verhöhne;
denn ewig währt das Wort,

denn ewig währt das Wahre,
das edlere Gedicht,
aus dem das Wunderbare
des Seins demütig spricht!

Zu spät!

O Mainacht, Mond und Mandoline.
Arno Holz

O Mainacht, Mond und Mandoline!
Wer so heut dichtet, wird verlacht!
Heut stirbt der Schmetterling, die Biene!
Hat das sie zur Vernunft gebracht?

O nein! Ihr Gott ist die Maschine!
Ihr Götze ist das Geld, das Gold!
Im Weltmeer sterben die Delphine!
Den Versen ist man nicht mehr hold!

Sie fabrizieren Wortgefüge,
die jeder Schönheit sprechen Hohn!
Statt Wahrheit pflegen sie die Lüge!
Und keiner kennt mehr Raden, Mohn!

Die Auschwitz nicht verhindert haben,
die Dichterworte, vielgeschmäht,
so unwert wie die Asseln, Schaben!
In keinem Lied ein Reim: zu spät!

Heutzutage

Wer schätzt die Seelensprache
noch heute des Gedichts!
Ach, allenthalben Seelenbrache,
der Glaube an das Nichts!

Wer hält des Laubes Sprache
zu sprechen, noch für wert!
Der Tod ist nur noch Sache,
um die man sich nichts schert!

Auch Gott ist nur ein Schemen,
ein Hirngespinst, Phantom!
Wohl erst beim Abschiednehmen
schmeckt man der Ewigkeit Arom!

Rauch

… unsre Kunst heißt Poesie.
Ludwig Uhland

Poesie heißt unsre Kunst?
Ach, wie unrecht hast du, Dichter!
Von der Dichtkunst keinen Dunst
hat das heutige Gelichter!

Heut montiert ein jeder Wicht
seelenlose Ungeheuer!
Was sich heute nennt Gedicht -
Rauch nur, doch kein helles Feuer!

Wortblase

Der Sommer war sehr groß.
Rainer Maria Rilke

Der Sommer war sehr groß.
Welch eine hohle Phrase!
Was dachte Rilke bloß?
Wo bleibt denn die Emphase!

Was ist schon groß! Ein Wicht
im Zentimetermaße
hält sich für groß, doch nicht
ist's Rilkes Wort: nur Blase!

Augensprache

Und dennoch sagt der viel, der »Abend« sagt.
Hugo von Hofmannsthal

Und vieles sagt, der schweigt,
der in sein Innres schaut.
Was ihm die Seele zeigt,
in seinen Augen blaut.

All was zu sagen ist,
aus seinen Augen spricht.
Gesagtes man vergißt,
die Augensprache nicht.

Dichterhaus

Ich hân mîn lêhen.
Walter von der Vogelweide

Ich hân mîn lêhen,
mein kleines Dichterhaus,
zu übersehen
gar leicht im Blütenbraus.

Wer will, kann's finden:
Dich weist der Geige Klang,
und blaue Winden
führn dich den Weg entlang.

Ein Rosenbogen
lädt dich zum Eintritt ein.
Dem er gewogen,
kredenzt der Dichter Wein.

Ist er bei Laune,
trägt vor er ein Gedicht.
Man hör und staune:
Euterpe selber spricht!

Oblomow

Mein Diwan ist mein Himmel,
in den ich mich versenke.
Ich hasse das Gewimmel
der Menschen! Ich verrenke

für sie nicht meine Glieder!
Ich meide die Bewegung!
Mir ist das Gehn zuwider!
Ich ruhe ohne Regung,

und kräht der Hahn am Morgen,
so schlaf ich friedlich weiter,
lass andere sich sorgen.
Schlaf ich hinüber, heiter

schlaf weiter ich im Himmel.
Kein Engel soll mich wecken,
kein Singsang, kein Gebimmel,
ich würde nur erschrecken!

Wohlbehaglich

... und Arkadij fühlte sich von großem Wohlbehagen ergriffen.
Iwan Turgenjew

Wie wohlbehaglich schlief es sich
im elterlichen Haus nach Jahren,
da ich in fremder Schlafstatt schlief und mich
nach Hause sehnte, leiderfahren!

Wie wohlbehaglich schlief es sich
im Bett, in dem ich schon als Knabe
geschlafen, manche Nächte mich
versenkt in Dostojewskij habe!

Wie wohlbehaglich schläft es sich
zur letzten Nacht vor jener Reise,
die uns erwartet, dich und mich,
die ohne Wiederkehr unweigerlich!

Verrat an der Kunst

Ich wollte Geiger werden,
dann wählte ich das Amt,
wollt sorglos sein auf Erden -
so dacht ich insgesamt.

Ich wählte mir das Übel,
die lebenslange Fron,
ins Herz mir einen Dübel,
das war mein bittrer Lohn!

Ach, wär ich Geiger worden,
ein Diener der Musik!
Was hülfe mir ein Orden -
ein stolzer Augenblick!

Ich habe sie verraten,
die edelste der Kunst,
Musik, für Bier und Braten
und dumpfen Stubendunst!

Totentanz

Der Tod, ein deutscher Meister,
reinrassiges Skelett,
er spielt zum Tanz auf, dreister,
als sei's ein Streichquartett.

Ein Särglein seine Geige,
die Jammerfiedel heißt.
Ein Leben geht zur Neige,
wenn eine Saite reißt.

Mit der Flöte

... mit Rosen und mit Flöten ...
Conrad Ferdinand Meyer

Mit Rosen, mit der Flöte
verbringe ich den Tag.
Man streite und man töte,
so wie die Welt es mag!

Bei mir herrscht immer Frieden.
Ich denk ans Sterben nicht!
Mein Paradies hienieden:
mein Garten, mein Gedicht!

Seh ich die Abendröte,
wähn ich die Welt in Brand!
Dann spiel ich mit der Flöte
mich in ein andres Land!

Anton Bruckner

Er baute einen hohen Dom
aus Tönen, seinem Gott zu Ehren.
Betrittst du ihn, den hehren,
dann atmest du der Ewigkeit Arom.

Du ahnst den letzten Satz wohl kaum
der Neunten, der nicht für die Erde,
der drüben erst geschrieben werde,
für den kein irdscher Dom hat Raum.

Wir aber wissen nicht,
was drüben er vollendet.
Uns einen Abglanz sendet
der Stern' Getön, ihr Licht.

Max Eham zu Ehren

Er lehrte mich das Hören.
Er lauschte seine Messen
wohl ab den Engelchören.
Warum sind sie vergessen,

die heut mich noch betören
wie vor fast siebzig Jahren,
als sie, ich kann's beschwören,
mir lichte Freunde waren?

Ja, bei der Uraufführung
war ich dabei als Geiger.
Noch heut erfaßt mich Rührung,
da zögert schon der Zeiger.

Ich, Bub von vierzehn Jahren,
erfuhr Musikgeschichte.
Um nicht an Dank zu sparen,
verfasse ich Gedichte.

Der letzte Stich

Mit jugendlichem Feuer
schreib ich Gedichte – immer noch.
Zwar sind mir nicht geheuer
das Altern, Siechen und das Loch -

So despektierlich nenne
das Grab ich, das für mich bestimmt.
Wenn ich mich selbst erkenne,
die Glut des Geists in mir verglimmt,

ist Zeit es, abzudanken.
Die Blumen blühen ohne mich.
Der Baum steht in Gedanken.
Der Tod behält den letzten Stich.

Das kleinste Ding

Noch ist sie lebenswarm,
die Hand, die Verse schreibt.
Sie ist nicht freudenarm,
die Zeit, die mir verbleibt.

Mir singt die Amsel vor,
was ich in Verse fass.
Ich lausch dem Frosch im Moor,
im Rohr der Dommel Baß.

Wie klein auch sei das Ding,
das Gras, das Lattichblatt,
ich schätz es nicht gering,
weil's eine Seele hat.

Mein Heim

Noch ist sie warm, die Hand,
die mir die Feder führt.
Doch fast an Grabes Rand,
hab ich noch Lust verspürt,

des Daseins Herrlichkeit
zu fassen in den Reim.
Noch fern der Ewigkeit,
die Erde ist mein Heim!

Sie ist auch Tränental,
das ich durchwandern muß.
Doch freudig leid ich Qual,
für Eden tu ich Buß!

Im Überschwang des Alters

Nicht endet mein Gesang,
bin ich auch alt! Ich dicht
in edlem Überschwang
des Alters mein Gedicht!

Nicht schließt mir meinen Mund
des Alters Schweigsamkeit.
Ist auch die Seele wund,
des Alters Heiterkeit

behält die Oberhand.
Noch Jugend in mir gärt,
ein stiller Rosenbrand,
der Qual zu Asche klärt!

Lebenslust

... wenn die stille Kerze leuchtet.
Johann Wolfgang Goethe

Wenn die stille Kerze leuchtet,
schreib ich meine Verse hin.
Nachttau meine Stirn befeuchtet.
Manches, was unlösbar schien,

liegt jetzt klar mir vor den Augen.
Wie sich weitet meine Brust,
meine Lungen Nachtluft saugen,
sich erneuert Lebenslust!

Was ich beklag

Von Frohsinn trieft nicht mein Gedicht.
Nicht lustig ist das Leben, Sterben.
Doch ich beklag das Dasein nicht,
auch nicht das Siechen, das Verderben.

Was ich beklag: den Bruderhaß,
den Brudermord, der niemals endet,
das Quälen auch des Tiers zum Spaß,
und daß Gott ab von uns sich wendet!

Mehr Licht!

Die Sehkraft schwindet,
doch wächst die innre Sicht.
Zu neuen Ufern findet
mein suchendes Gedicht.

Die arme Seele wimmert:
mehr Licht, mehr Licht, noch mehr!
Das ferne Eden schimmert
purpurn durchs Wolkenmeer.

Knochenmänner

Ich achte meines Alters nicht,
schreib wohlgemut noch mein Gedicht.
Ich weiß in mir den Knochenmann,
der mich jedoch nicht schrecken kann.

Doch wenn der andere, verflucht,
in mir den trauten Bruder sucht
und sich mit ihm verbrüdern will,
dann wehr ich mich und halt nicht still,

dann heiße ich den fremden Mann,
was man nur denkt, nicht sagen kann.
Der eigne aber steht zu mir,
daß ich noch nicht den Halt verlier.

Hab ich die Zeit genützt?

MEIN SIND DIE JAHRE NICHT ...
Andreas Gryphius

Mein sind die Jahre nicht,
die mir ein Gott gegeben.
Ich preis ihn im Gedicht,
und doch ist mir beklommen:

Hab ich die Zeit genützt?
Gehör nicht zu den Frommen,
die sich auf Gott gestützt!

Ich lebte fürs Gedicht,
das war mein ganzes Leben!
Ob das wohl für mich spricht,
daß Gott mir wird vergeben?

Ein Federstrich

Schon gehöre ich
zu den alten Leuten.
Aber den Pinselstrich
des Tausendfüßlers im Sand
kann ich immer noch nicht deuten.

Erlahmt mir die Hand,
leg ich die Geige beiseite.
Wenn ich in ein anderes Land
entatmend hinübergleite,
besiegelt's ein Taubenfederstrich.

Ich widerrufe nichts!

Ich widerrufe nichts,
nicht meinen Glauben an das Gute,
an die Wahrheit des heilig-geistigen Lichts,
das uns überflute!

Ich widerrufe nichts,
nicht meinen Glauben an das ewig Schöne,
an das Geistliche des Gedichts,
das uns mit dem Tod versöhne!

Die Sense

Im fernen Dorf Gedengel.
Als wetze seine Sense,
mir ist's, der Todesengel.
Ich aber les Max Bense.

Ich geb mich unerschrocken,
obschon ich reich an Jahren.
Ich kau Max Benses Brocken -
vergebliches Gebaren!

Mich reißt aus den Gedanken,
einsetzend jäh, die Stille.
Ich seh die Ähren schwanken.
Warum verstummt die Grille?

Ich seh die Halme sinken.
Der Sense Schnitt schon näher.
Ich seh die Schneide blinken.
Auch mich mäht bald der Mäher!

Das wilde Leid

... mit Versen zähme ich das wilde Leid!
Boris Pasternak

Es läßt sich nicht bezähmen,
das wilde Leid, uns aufgesetzt!
Es läßt sich nicht verbrämen,
das wilde Leid, das uns verletzt!

Es läßt sich auch nicht schönen
mit edlen Versen, wohlgesetzt!
Man würd das Leid verhöhnen,
das läutert uns zu guter Letzt!

Wer bin ich?

Ich werd nie wissen, wer ich bin.
Das wissen nur die andern.
Ich bringe meine Tage hin
mit Dichten und mit Wandern,

und weiß am letzten Tag noch nicht,
wer ich denn bin gewesen.
Das aber weiß nur mein Gedicht
und der, der es gelesen.

Überleben

Wasser und Gras überleben dich.
Hermann Lenz

Bin ich nicht selber Wasser,
bin ich nicht selber Gras,
ich, der Verfasser
von Versen, sonst noch was!

So werde ich mich überleben:
als Wasser und als Gras,
werde als Wasserdampf zum Himmel schweben,
niederfallen als Regen, Schnee im Übermaß!

Und alles wird sich wiederholen,
regelmäßig, Jahr um Jahr.
Ich werde Wasser sein und Gras verstohlen,
so wie ich's immer war!

Das höchste Ziel

Was bleiben wird von mir,
ich aber weiß es nicht.
Wenn's hoch kommt, bleibt von mir
nicht mehr als ein Gedicht.

Ach was, das ist sehr viel,
was bessres gibt es nicht!
Es ist gesetzt kein höh'res Ziel
als ein vollkommenes Gedicht!

Ich rühme

Ich rühme.
Rainer Maria Rilke

Ich rühme die Erde,
die Einfachheit der Dinge.
Ich rühme das Stirb und Werde,
um meinen Hals die Schlinge!

Ich rühme an meinen Füßen
die Sträflingskugel Erde!
Ich bin bereit zu büßen,
gehör zu Gottes Herde!

Bin Opferlamm! Will rühmen
den Schnitt in meine Kehle!
Ich rühme ihn, wenn Hymen
hält Hochzeit mit der Seele!

Erde

Ich hänge an der Erde,
obgleich sie blutbefleckt.
Ich bet, daß Frieden werde,
kein Krieg werd ausgeheckt,

der Mensch zum Wolf nicht werde
dem Bruder, schwarz ob braun!
Ich beuge mich der Erde,
will ihr mich anvertraun,

die bald mir Ruhstatt werde,
bis mich der Herr erweckt,
mir nimmt die Last der Erde,
die meinen Leib bedeckt.

Löwenzahn

So golden wie der Löwenzahn
erscheint die Jugendzeit im Mai.
Des Sommers und der Liebe Wahn,
der bittren, ach, wie bald vorbei!

Die goldnen Lampen löschen aus,
die Samen fliegen, weiß wie Haar.
Man trägt dich Alten aus dem Haus,
und wieder folgt ein goldnes Jahr,

und andre freuen sich des Mai'n,
der Wiesen voller goldnem Glanz.
Doch folgt dem frohen Ringelreih'n
unweigerlich der Totentanz!

Die Kluft

Ich hör der Glockenblumen Läuten,
sonst wär ich wohl kein Dichterling.
Ich sehe sich die Natter häuten,
wie aus der Puppe schlüpft der Schmetterling.

Ich fühl die Seele in den Dingen.
Die Blume spricht mit ihrem Duft.
Doch kann ich, ach, nicht überspringen,
auch nicht mit Versen, die gesetzte Kluft!

Leben!

Nun erst verstehe ich, die da blühet,
O Lilie, deinen stillen Gruß!
Gottfried Keller

Nun erst versteh ich, die da blühet,
o Lilie, deinen stillen Gruß!
Der um sein Seelenheil sich mühet,
du lehrst mich, daß ich leben muß!

Das Leben ist so voller Freuden,
die bietet nie das Paradies!
Soll ich ans Jenseits mich vergeuden,
das öffnet nie das Erdverlies?

Entblättern mir auch meine Tage,
o Lilie, wie dir Blatt um Blatt,
ich leid wie du es ohne Klage,
weil Sonne uns geleuchtet hat,

die ewge Sonne, die niemalen
so leuchtet uns im Paradies,
das ich nicht tauschen möcht mit Qualen,
die ich ertrag im Erdverlies!

Lavendel

Lavendelruch, Lavendelblau.
Oskar Loerke

Lavendelruch, Lavendelblau
verwirren mir die Sinne,
als ob sich weite mir die Schau,
würd Blumenwesens inne.

Ich sehe am Lavendel Tau,
spür meine Säfte rinnen
in des Lavendels Ruch und Blau,
in ihm mich neu beginnen.

Der letzte Morgen

Soll es der Morgen sein,
da mir zum letzten Mal
der Königskerze Schein
hell leuchtet meiner Qual,

der letzte Morgen, da
die Sonnenblume scheint,
um mich, dem Eden nah,
der Tau am Grashalm weint?

Versuch?

Bin ich erschaffen als Versuch?
Wer weiß, ob ich gelungen?
Ich lese es in keinem Buch,
kein Psalm hat's mir gesungen.

Schau ich die Königskerze an,
wie ist sie doch vollkommen!
Wie seelenrein der Schwan,
der tags im Teich geschwommen,

jetzt aber durch den Abend schwimmt,
sanft in den Mond verwandelt!
Ob mich der Tod entgegennimmt,
so wie ich halt gehandelt?

Anemonen

Betracht ich, wie in Demut
die Anemonen sterben,
erfaßt mich stille Wehmut,
weil alles muß verderben.

Doch birgt ein Wiederkommen
in sich ein jedes Scheiden.
Wird neues Sein uns frommen,
will gern dafür ich leiden!

Der Falter

Auf meiner Hand der Falter,
erschrocken fliegt er auf.
Verspürt er es, mein Alter,
wie stockt des Blutes Lauf?

Spürt er die Hand erkalten?
Er sucht die Hand, warm, jung,
auf ihr sich zu entfalten,
und ohn Erinnerung

an meine kalte alte,
in der das Blut gefriert,
und wie in ihr schon walte,
was sie aufs neu gebiert.

Augen

Hätte ich Libellenaugen,
säh ich wohl das Heut und Morgen.
Die nur zum Erblinden taugen,
sehn nicht Dinge, die verborgen.

Nicht die Kraft, die allenthalben
waltet, still im Unscheinbaren!
Wenn man mir die Stirn wird salben,
wird sich mir die Sicht aufklaren?

Noch tauglich

Wie ausgestorben ist der Weiher.
Wohin der Wasserfrosch, der Molch?
In ferne Länder flog der Reiher.
Nur aus der Tiefe droht ein Dolch,

der halbe Mond, ein Türkendolch, ein krummer.
Im Köcher Pfeile: Rohr an Rohr.
Teichrose liegt im Todesschlummer.
Ich stehe ahnungsvoll davor.

Nicht sichtbar lauert er, der Schütze,
greift sich den Pfeil, der mir bestimmt.
Ich weiß, ich bin zu nichts mehr nütze,
doch tauglich dem, der ins Visier mich nimmt.

Schmerzerfahren

Aus schmerzerfahrner Krume,
aus schmerzerfahrnen Wurzeln wächst
in reicher Pracht die Blume.

Die schmerzerfahrne Seele,
die nach dem Garten Eden lechzt,
wird dort zur Asphodele.

Meine Nachtviolen

O welch teuflisch süßer Duft,
den verströmen meine Nachtviolen!
Saugen aus der Hadesgruft
ihre Wurzeln ihn verstohlen?

Vor dem dunklen Hadesgrund
ist mir alle Angst vergangen,
trinkt der Nachtviolen Duft mein Mund,
und ich bebe vor Verlangen

nach dem Totenreich,
drin Eurydike lang schmachtet,
und ich fühle mich dem Orpheus gleich,
der ins Leben sie zurückzuholen trachtet!

Ahnung

Der Weg, den ich gegangen,
hat er mich schon vergessen?
Wo werd ich hingelangen?
Was ist mir zugemessen?

Den Duft der Nachtviolen
hab ich geatmet, Kühle
des Grases an den Sohlen,
als das ich mich schon fühle.

In hora mortis

Und müde werden auch die Rosen
des Blühns, Verglühns, des mühelosen.
Sie lassen ihre Blätter fallen.
Das gibt kein leises Widerhallen.

Und wachsen dir die Rosengallen
im Fleisch, hilft dir kein Fäusteballen.
Beginnt in dir die Glut zu glosen,
fällst du anheim dem Numinosen.

Auf Erlösung warten

Wahrhaftig, allen andern Blumen
zieh ich die dunkelscheue Rose vor!
Sie widerspiegelt sich am Morgen,
am Abend sanft im Wolkenflor.

Der Himmel ist ein Rosengarten,
verströmend des verlornen Edens Duft.
Wir alle auf Erlösung warten
aus der Verbannung in die Erdengruft!

Abendrot und Morgenrot

(Die Rose) duftet sich tot.
Ina Seidel

Die Rose duftet sich tot -
so wie die Kehle,
die seufzt sich zu Tod -
so wie die Seele -
die sehnt sich zu Tod -
so wie das Abendrot
auf der Stele,
das furchtlos verhaucht,
weil es kein Ende zu fürchten braucht,
sich fortwährend verjüngt als Morgenrot.

In meinem Garten

In meinem Garten bin ich wohlgeborgen.
Der Lärm des Tags verebbt am stillen Abend.
Wie unbedeutend scheinen mir die Sorgen,
mich an dem Duft der Nachtviolen labend!

Die Königskerzen leuchten mir beim Wandeln,
beim frommen Lesen des Breviers der Sterne.
Wär ich noch jung, ich würde anders handeln,
je weiter ich vom Leben mich entferne!

Klostergarten

Fromme Nonnenhände hegen
Blumen zu der Menschen Heil.
Sonne gibt dazu den Segen.
Bittgebet, daß sie verweil.

Wurzeln saugen, in den Stengeln
steigt der angesogne Saft.
Weiße Nonnen, gleichend Engeln,
wissen um der Kräuter Kraft.

In der mittäglichen Stille
eine Nonne kniet im Beet.
Wundschmerz lindert die Kamille,
Seelenwunden heilt Gebet.

Traum im Gras

Ich ruhe still im hohen, grünen Gras …
Hermann Ludwig Allmers

Ich ruhe still im grünen Gras,
ein sorgenloser Schläfer.
Mit Augen aus kristallnem Glas
betrachtet mich ein Käfer.

Ich träum, ich sei für ihn schon Aas,
das er zur Kugel rolle,
und träume, ob ich noch – für was
und wen? – erwachen solle.

Das Käferaug

Im Kleinen offenbart das Große sich:
In jedem Käferaug blitzt auf ein Stern.
Der Sternenhimmel doch, wie ist er fern!
Wie nah im Käferaug der Stern, und ich,
nie fühlte ich so nah dem Himmel mich!

Denken

Die Wespen sich berauschen
am süßen Saft der Birnen.
Ich möcht mein Denken tauschen
mit weißen Walnußhirnen!

Wie sie möcht ich gern denken,
den Sinn des Seins erfassen!
Ob Walnußhirne lenken
auch unser Lieben, Hassen?

Es denkt ein Gott in ihnen.
Die Menschenhirne wesen.
Die trunknen Wespen, Bienen
am Saft zu Tod genesen.

Letzte Kommunion

Verdorrt die Kaiserkronen.
Wie schnell verging des Sommers Ruhm!
Die in Palästen wohnen,
wie schnell verging ihr Herrentum!

Die Lilienschwerter rosten.
Vorbei der unhörbare Streit!
Die Menschen aber kosten
den herben Wein der Sterblichkeit.

Oblate Mond auf Zungen,
die längst verstummt, die schon
das Schweigen hat bezwungen,
empfangend letzte Kommunion.

Die Birke

Im Gedenken an Sergej Jessenin

Die Birke doch ist da,
sonst keine Menschenseele.
Der Birke Seele nah
die meine. Ich verhehle

ihr die Gedanken nicht,
die oftmals mich bedrängen.
Wenn sie ihr Schweigen bricht,
befreit sie mich von Zwängen.

Sie spricht mit ihrem Laub,
senkt Ruh in meine Seele,
nimmt mir die Furcht vorm Staub,
zu dem zerfällt die Kehle,

der sich manch Laut entrang,
der kaum zu unterdrücken
in jähem Überschwang
von Bangnis und Entzücken.

Am Fluss

Ich sitz am Fluß und hör
den Uferweiden zu.
Ich schweige und ich stör
sie nicht in ihrer Ruh.

Mein Haar vom Alter grau,
ihr Laub fast silberweiß.
An Bitternissen kau
ich viele, seit ich Greis.

Die Weiden spenden Trost
in ihrer Blättersprach.
Ich atme Wasserdost
und sinn dem Drüben nach.

Beim Umarmen eines Baums

Im Baum, den ich umarme,
verspüre ich die Kraft,
die meiner sich erbarme
in stiller Bruderschaft,

wie meiner sich erbarme
des Baumes Wurzelsaft,
er fließt in Beine, Arme
und beut mir Lebenskraft.

Laubsprache

Eh mir das Sein verglüht,
hab ich mich stets bemüht,
Laubsprache zu erlernen.

Ich find sie vorgedacht,
als wie uns dargebracht
im Hirn von Walnußkernen.

Meine Zunge

Bald sie sich gewandelt hat,
meine Zunge, in ein Blatt.
Die auf Erden ausgesungen,
spricht dann wie die Blätterzungen.

Fand der Zunge Wandel statt,
spricht sie wie das Lindenblatt,
windbewegt, von Wissen weise.
Mitsummt sanft die Seele leise.

Im Park I

Von dem, der hier gewandelt,
blieb nur Zigarrenduft zurück.
Sein End ward längst verhandelt,
der wegging in sein vages Glück.

Der sinnend hier gesessen,
vielleicht hier seine Verse schrieb,
der Weg hat ihn vergessen,
das Rosenblatt, das er zerrieb.

Im Park II

Am End des Laubengangs
empfängt der Himmel mich,
sein Blau, wie hingetupft
mit zartem Pinselstrich.

Noch einen Schritt, dann bin
versunken ich im Blau,
dann wandele ich hin
in der ersehnten Au,

wo Asphodelen blühn
in reinem Engelweiß,
sing mit den Sel'gen kühn
das ewge Kyrieleis.

Natur

... wie ist Natur so hold und gut ...
Johann Wolfgang Goethe

Wie ist Natur so hold und gut.
Wir aber achten ihrer nicht,
die einflößt uns des Lebens Mut
und uns versieht mit Zuversicht!

Sie gibt der Beispiele uns viel',
wie sich das Dasein meistern läßt:
Die Blüte hat die Frucht zum Ziel,
und hält das Laub sein Totenfest,

so schwillt die Knospe schon am Zweig.
Es endigt nie des Daseins Kreis.
Natur gibt uns den Fingerzeig:
Nichts gibt sie der Verderbnis preis!

Wir vergessen die Natur

Die Bienen summen nimmermehr.
Sie sind längst ausgestorben.
Die Welt hat sie verdorben.
Nur Ödnis, Stille ringsumher.

Die Welt, das sind wir Menschen, wir,
die nur dem Wohlstand leben,
die nur nach Gütern streben
in unersättlich wilder Gier,

darob vergessen die Natur,
von der wir alle zehren.
Sie aber wird sich wehren,
vom Erdball tilgen unsre Spur!

Die Natur

Wir brauchen die Natur,
die aber braucht uns nicht.
Das aber weiß nicht nur
der Weise, auch der Wicht.

Der Dichter aber lauscht
der Stimme der Natur,
wenn Laub im Nachtwind rauscht,
ihn mahnt die Sonnenuhr.

Die Menschen achten nicht
der Weisung der Natur.
Wenn sie ihr Urteil spricht,
verliert sich unsre Spur.

Der Naturschützer

Unter seinem Hausdach nisten
Ringeltauben, streng geschützt.
Weil sie den Balkong bemisten,
hat er sie – pumm! – weggepützt.

Aber sonst er lauthals schützet
die gepeinigte Natur -
aber nur, wenn sie ihm nützet
und nicht schmutzt in einer Tour.

Die Blindenschrift der Sterne

Mir fehlt es an sensiblen Fingerkuppen,
um in der Sterne Blindenschrift zu lesen.
Ich sehe atemlos der Sterne Schnuppen
verglühn – sind sie ein Fingerzeig gewesen?

Wann aber fällt es mir vom Aug wie Schuppen?
Wenn Tod mich auskehrt, Kehricht, mit dem Besen?
Was aber wird im Jenseits sich entpuppen?
Und wird die kranke Seele dort genesen?

Erblinden

Ich muß wohl erst erblinden,
der Sterne Schrift zu lesen.
Werd ich der Wörter Wesen
mit meinen Fingern finden?

Ich taste ab die Nächte
nach Zeichen und nach Sternen.
Ich muß das Sterben lernen,
das Seligkeit mir brächte.

Untertan

Ich sehe oft um Mitternacht ...
die Stern' am Himmel an.
Mathias Claudius

Ich sehe oft um Mitternacht
die Stern' am Himmel an,
wie sie so still und sanft und sacht,
so friedlich ziehn die Bahn.

Wie friedlos unsre Lebensbahn,
von keinem Gott bewacht!
Wir, Aug um Aug und Zahn
um Zahn – welch Niedertracht! -,

wir stehen in des Teufels Pacht
und beten an den Scharlatan,
sehn nicht des Sternenhimmels Pracht,
sind nur dem Satan untertan!

Leichter Traum

... wird als ein leichter Traum vergehn.
Andreas Gryphius

Ich träume einen leichten Traum,
und träum ein zweites Mal mein Sein.
Ich träum, ich sei ein hoher Baum,
der rag ins Ewige hinein,

ein Baum, des Laub werd nie verwehn,
des Frucht hab ewigen Bestand.
Ich träume meines Traums Vergehn
und mein Erwachen in dem Land,

das ich ein Leben lang erträumt,
wo Träume nimmermehr vergehn,
wo meines Baumes Wipfel schäumt
in Laubes Fülle und im Wehn

des Weltenwinds durchs blaue All.
Der fernen Erde Leid und Trug
ist nur ein leiser Widerhall
im Sonnen-, Mond- und Sternenflug.

Der Tau der Asphodelen

Wie zärtlich ist der Regen,
des Himmels milde Gabe!
Dem Dürstenden ein Segen,
dem Dorrenden noch Labe!

Die Regentropfen blinken
den Blumen in den Augen,
aus denen Falter trinken,
sich Freude anzusaugen.

Und auch die zagen Seelen
erfreuen sich am Segen,
am Tau der Asphodelen,
der niedertropft als Regen.

Herrliche Prophetie

Im Paradies verwelken die Blumen nie.
Unsterblich sind die Asphodelen.
Oh, welch herrliche Prophetie
für unsere erbarmungswürdigen Seelen!

Und auch der Baum der Erkenntnis, nie
erstirbt er; der Baum der Sünde
trägt Frucht wie eh, auf daß sie
dem Menschen neue Erkenntnis künde!

Kein End

Stockt das Blut in meinen Adern,
wär es dann nicht Zeit zu hadern?
Auch der Saft will träger fließen
in den Eichen, wahren Riesen.

Aber schon die Knospen schwellen.
Es erneuern sich die Zellen.
Tote harren des Erwachens.
Nicht wird sein ein End des Lachens!

Zahnlos

Daß ich noch immer am Leben bin ...
Karl Krolow

Daß ich noch immer am Leben bin,
das wundert nur mich.
Die andern schauen nur auf sich selber hin,
erwarten den eigenen Todesstich.

Sie bangen auf den Stachel hin,
der verwundet ihre eigene Brust.
Daß auch ich an der Reihe bin,
das ist nur mir bewußt.

Vorerst laß ich mir noch ein paar Zähne ziehn.
Man weiß ja nie!
Ob ich zuletzt zahnlos bin,
das interessiert nicht einmal die Anatomie!

Andrer Mann

Wo ist er, der ich einst gewesen?
Ich Alter bin ein andrer Mann!
Was soll ich noch die Bibel lesen,
wenn nichts die Menschheit zugewann!

Ich hab verwestes Fleisch gerochen,
das man zum Massengrab gekarrt!
Da war ich jung, noch nicht gebrochen
vom Alter, da der Tod mich narrt.

Mit Grünspanleibern vollbeladen,
die Totenfuhren sah ich ziehn,
und sah am Fleisch die weißen Maden,
und stand wie starr und konnt nicht fliehn!

Der letzte Abend

Soll es der Abend sein,
da mir sein Stern aufgeht,
mir der Burgunderwein
des Winds die Stirn umweht,

der Abend, monden mir
die Stirne kühlend, da
schon öffnet sein Visier,
der lebenslang mir nah?

Totenträger

Ich bin alt geworden.
Aber die Amper bleibt ewig jung!
Ich trage den Mond als Orden
in der Abenddämmerung.

Er ist die einzige Ehre,
die ich trage mit Stolz.
Nichts weiter ich begehre
als einen Nachen aus Holz!

Er ersetzt mir den Schragen,
die Bahre als Pflicht.
Auf ihren Schultern die Wellen mich tragen.
Sanftere Totenträger findest du nicht!

Die Abgeschiedenen

Ob mich die Abgeschiedenen noch kennen,
mit denen regen Austausch ich gepflegt?
Ich höre nachts sie meinen Namen nennen,
spür ihren Atem, der das Laub bewegt.

Ich höre reden sie mit Blätterzungen,
da sie verlernt die Menschensprache schon.
Ist mir die Blättersprache erst gelungen,
dann reden wir im altvertrauten Ton.

Der leere Platz

Der Platz ist leer,
an dem einer gesessen.
Wer war er, wer?
Ich kann ihn nicht vergessen.

Die Leere starrt mich an.
Ich fülle sie mit seinem Lächeln,
zu dem er seinen Mund aufgetan.
Ich fühle seinen Atem mich umfächeln.

Der Platz ist leer.
Ich fülle ihn mit seinen Augen, drin zu lesen.
Wer war er, wer?
Ist er denn gewesen?

Jugend

Unbeschwerte frohe Jugend
in der Blüte deiner Tugend,
dein gedenk ich voller Wehmut
in des Alters stiller Demut.

Hort der hehren Ideale,
Jugend, jetzt im Alter male
ich dich in den schönsten Farben,
da mir längst die meinen starben.

Abgebucht

Zu Ende glüht ein goldner Tag.
Georg Trakl

Zu Ende glüht ein goldner Tag.
Zurückbleibt Asche, graue Nacht,
und schwächer wird des Herzens Schlag,
und Schlaf und Traum gewinnen Macht.

Und auch der Himmel ist verglüht.
Der Sterne Asche weht durchs All.
Der Schläfer durch den Traum sich müht,
aus dem er schreckt im tiefen Fall.

Kein Engelflügel fängt ihn auf
beim Absturz in des Dunkels Schlucht,
in der sich Asche häuft zuhauf.
Er fühlt sich matt und abgebucht.

Das Blatt bleibt leer

Der schnelle Tag ist hin.
Andreas Gryphius

Der schnelle Tag ist hin,
noch schneller naht die Nacht.
Der ich ermüdet bin,
mir droht die lange Wacht

mit der Gedanken Flut,
die mich nicht schlafen läßt.
Die brave Menschheit ruht,
indes mein Auge näßt

das unbeschriebne Blatt.
Die Hand gehorcht nicht mehr.
Ist sie schon meiner satt?
Das Blatt Papier bleibt leer.

Verschlossen bleibt in mir,
was ich die Nacht gedacht.
Ich weiß, daß ich verlier,
bald Charons leichte Fracht.

Nachts

… und wenn das Fensterkreuz kriecht auf die Kissen …
Christine Lavant

Des Fensterkreuzes Schattenbalken,
an die ich festgenagelt liege.
Der Mond mag meinen Körper kalken,
die Erde doch wird mir zur Wiege!

Nur Nahrung noch der Trauerweide,
werd ich nicht mit der Liegstatt hadern!
Die Wurzeln spinnen mich in Seide,
zu Wurzeln wandeln sich die Adern.

Beichte

… aber es bleichet indes dir sich
die Locke wie mir.
Friedrich Schiller

Es bleichet mir die Locke,
wie Schillers Locke bleichte.
Jetzt wanke ich am Stocke
der Sünden voll zur Beichte.

Nur weil den Tod ich scheue,
des werd ich fette Beute,
treibt mich zu Buß und Reue,
was mich zur Jugend freute!

Bin ich dann losgesprochen
von meinen lieben Sünden,
weil ich zu Kreuz gekrochen,
mag sich mein Leben ründen!

Die Schmach

In mir gärt Adams Blut
und die ererbte Sünde.
O daß es in der Flut
des Urmeers münde!

O daß ich sündlos sei
wie vormals als Amöbe!
Ich wünsch die Kraft herbei,
die mich der Schmach enthöbe!

Nach mir die Sintflut!

Ob Himmelfahrt, ob Höllensturz,
mir aber ist das ziemlich schnurz!
Ich leb auf dieser Erde,
und was aus mir einst werde,

das ist mir, wie gesagt, egal!
Ich habe ja doch keine Wahl.
Ob man mich himmeltauglich findet,
ob in der Hölle man mich schindet,

das liegt wohl nicht in meiner Macht.
Ich hab mein Leben zugebracht
nach bestem Wissen und Gewissen,
das mir ein sanftes Ruhekissen!

Der Seele Freude

... des Leibes Jammerhöhle ...
Johann Christian Günther

In des Leibes Jammerhöhle
schmachtet die gefangne Seele.
Gitterstab um Gitterstab
wölbt der Brustkorb sich zum Grab.

Wie der Leib sich auch vergeude,
Tod doch ist der Seele Freude,
der sie aus dem Fleisch erlöst,
welches seelenlos verwest.

Das Alter

Die Jahre schwimmen
den Bach hinunter.
Ich kann zusehn,
wie die Zeit verrinnt.

Exequien summen die Immen.
Ich bin munter,
als sei ich noch zehn,
indes das Alter die Oberhand gewinnt.

Gelassen

Der Pfeil ist abgeschossen.
Ich hör ihn sirren schon.
Ich höre ihn verdrossen,
den mir vertrauten Ton.

Ich ward noch nie getroffen.
Ich war wohl nie das Ziel.
Und wann der Pfeil mich trifft, bleibt offen.
Einstweilen lese ich Vergil.

Einübung

Jeden Morgen üben wir
die Auferstehung,
satt der Erde Gier,
der Sinnverwehung.

Jeden Morgen gieren wir nach
der Befreiung
von der Erbsünde Schmach,
nach der endgültigen Verzeihung.

Wer bin ich?

... und weiß nicht, wer ich selber bin.
Friedrich Nietzsche

Ich weiß nicht, wer ich bin.
Die andern kennen mich.
Man schweigt geflissentlich
und deutet auf mich hin.

Ich bin mir selbst zu nah.
Das aber trübt den Blick,
seh nicht den eignen Tick,
den längst ein andrer sah.

Wer war ich eigentlich,
als ich mich ahnungslos,
mit Blut besudelt, bloß,
in dieses Dasein schlich?

Auf die Erde bauend

Bevor ich ward geboren,
was war ich? Nur ein Klümpchen Schleim?
In diese Welt verloren,
in der ich nie werd sein daheim,

bin ich ein Irrgast, harrend
der Rückkehr in das Nirgendwo.
Mit ihren Hufen scharrend,
Elias' Pferde machen mich nicht froh!

Der Himmelfahrt mißtrauend,
wird lieb mir dieses Tränental,
nur auf die Erde bauend,
die ewig endigt unsre Qual.

Der andere

So tritt des Bettlers Fuß den Kies.
Der eines Edelsteins Verlies.
Hugo von Hofmannsthal

Du mußt den Kieselstein zertrümmern,
dann ist der edle Inhalt dein!
Du mußt dich um den andern kümmern,
dann wird sein Herz dein eigen sein!

Und mußt du dich auch überwinden,
geh auf den andern zu, wer es auch sei!
Du wirst wohl keinen Freund je finden,
gehst du am anderen vorbei!

Du

Du bist dir selbst der Nächste.
Nichts kommt wie du dir selbst so nah.
Kein Mensch, der nach dir lechzte.
Kein Gott, der sich in dir selbst sah.

Auf deinem Haupt die Krone
entpuppt sich als ein Dorngeflecht.
Dein Hinschied in die andre Zone:
wie ehdem nackt und riechend schlecht.

Du meinst, dir winkt die Palme,
dein Mund, voll bittrer Erde Fraß,
dort süßes Manna malme?
Dieweil bist du nur stinkend Aas!

Ohrwürmer und Kellerasseln

Nicht erheben will ich mich
über meine Mitgeschöpfe.
Unter Affen sicherlich
gibt es auch sehr schlaue Köpfe.

Die in Parlamenten quasseln -
so gescheit fast wie die Affen.
Auch Ohrwürmer, Kellerasseln
hat der liebe Gott erschaffen.

Warum darf man sie verachten,
die im Gegensatz zu unsresgleichen
nicht nach Schafottieren trachten,
nur von unsrer Norm abweichen?

Auch nur ein Knecht

O Brüder, daß ihr nicht bangt!
Günter Eich

O Brüder, daß ihr nicht bangt
in eures Glückes Übermaß!
Des Todes Tatze nach euch langt.
Ihr seid ihm ein willkommner Fraß!

Ihr kommt ihm gerade recht,
ihr Wänste, die ihr euch mästet zu Tode!
Aber der Tod ist wie ihr auch nur ein Knecht,
der vorgeht nach seines Herrn Methode!

Hätte einen Wunsch ich frei

Hätte einen Wunsch ich frei,
möcht ich wie ein Vogel fliegen,
fliehn der Erde Einerlei,
nichts mehr könnt mich unterkriegen!

Wie die Lerche wär ich frei,
und der Himmel würd mich wiegen.
Ledig aller Sklaverei,
würd die Schwerkraft ich besiegen.

Ach, es ist nur Träumerei,
an den Himmel mich zu schmiegen!
Ist mein Erdengang vorbei,
werd ich nur mehr liegen, liegen …

Die Hand

Die Massengräber umgepflügt,
besät, nun sprießt die junge Saat.
Der ungetrübte Himmel trügt.
Und nachts der Sterne Stacheldraht.

Mir brennt der Stachel in der Brust.
Der Mond, die Seitenwunde, klafft.
Ich seh die Hand, durchbohrt mit Lust,
die segnend, wann?, den Frieden schafft.

Wunschland

In welchem Land denn möcht ich leben?
In keinem Land der Richter, Henker!
Ein Land wird's nirgendwo wohl geben,
in dem nur walten Dichter, Denker!

Ich würde mich zufriedengeben
mit einem Land von Bürgern, Bauern,
die immerzu nach Frieden streben,
in dem sie nicht um Krieger trauern,

in dem die Schönen Künste blühen.
In einem Land nur möcht ich sterben,
in dem sie sich um Schwache mühen,
den Enkeln Menschlichkeit vererben!

Mein Wunschland muß nicht Deutschland heißen.
Ein Land wär lieb mir ohne Namen,
in dem nicht Wölfe Lämmer reißen,
in dem der Tod nicht spricht das Amen!

Nur geliehn

Ich habe von der weiten Welt
nur Rom, das ewige, gesehn.
Ich sah noch nie den Großen Belt,
nördlichen Meeres Wogengehn.

Mir hat genügt der Ammersee,
der Frauendom zu München auch;
denn überall ist gleich das Weh,
und Sterben überall der Brauch.

Ich bin daheim so heimatlos,
wie ich es in der Fremde bin.
Ich finde in der Erde Schoß
mein Heim, und das ist nur geliehn.

Zugemessen

Zugemessen ward
dem Lichte seine Zeit
und dem Wachen -
Novalis

Zugemessen ward dem Dunkel
und dem Schlaf auch seine Zeit.
Zugemessen ward uns Sterngefunkel
und auch unsre Sterblichkeit.

Zugemessen ward die Grube
uns im Grund zwei Arschin tief,
drin noch jeder, fromm, ob Bube,
bis zur Auferstehung schlief.

Zugemessen ward das Leben,
ewig, voller Seligkeit.
In den Himmel uns zu heben,
Iljas Pferde stehn bereit!

Die Zeit

MEIN SIND DIE JAHRE NICHT,
die mir die Zeit
genommen.
Andreas Gryphius

Mein sind die Jahre nicht,
die mir die Zeit genommen,
und auch mein Augenlicht,
und was mein Ohr vernommen,

all dies ist nur verliehn,
von wem, wer kann das wissen!
Ich weiß nur, daß ich bin
und einer Kraft beflissen,

die mir die Jahre beut,
und auch das sichre Ende.
Die Zeit nimmt, was mich freut,
nimmt mir vom Aug die Blende.

Geworfen in die Zeit

Geworfen in die Löwengrube Zeit.
Zerrissen von Begierden, Geiz und Gier,
verspielen wir die ewge Seligkeit.
Apokalyptisch tobt in uns das Tier.

Geworfen in den Feuerofen Zeit.
Was bleibt von uns: ein Seelenaschenrest.
Wir tanzen um das Goldne Kalb, bereit,
zu feiern unser eignes Totenfest.

Die Zeitmühle

Mühle Zeit mahlt Sterngebein
unentwegt zu weißem Mehl.
Bäckt es wer zu Fladen fein,
Speise für die Arme Seel'?

Mühle Zeit mahlt unentwegt.
Wie der Mond zum Vollmond schwillt,
den wer auf die Zungen legt,
Manna, das den Hunger stillt!

Gott

Wenn es Gott nicht gäbe,
worauf sollten wir dann hoffen?
Wir sähen den Himmel nicht offen,
um uns nur Gitterstäbe!

Wer denn sonst bräche
das eiserne Schweigen,
wenn nicht im Sternenreigen
Gott zu uns spräche!

Er braucht nur sein Augenlid zu heben,
und wir sehen den Himmel offen.
Dann erfüllt sich unser Hoffen
auf ein ewiges Leben!

Staub

Sind wir dazu geboren,
als Staub durchs All zu fliegen?
Gab Gott uns schon verloren
auf Brechen und auf Biegen?

Die Seele, wohl unsterblich,
wird sie in Luft sich lösen?
Warum das Fleisch verderblich,
von Gott verdammt zum Bösen?

Wird unser Staub allmählich
zu einem Stern sich ballen
und ewig kreisen schmählich,
vielleicht als Schnuppe fallen?

Die ewige Frage

... die ewige Frage: wozu?
Gottfried Benn

Wen aber quält sie nicht,
die Frage, ewiglich:
Wozu das Leben, Licht
des Glaubens, Todesstich?

Wozu das Flehn zu Ihm,
wenn Er dich nicht erhört!
Nicht einmal Seraphim
schickt er, schweigt ungestört.

Wozu das Tränental,
das du durchleiden mußt!
Ist er sich deiner Qual,
sich seines Zorns bewußt?

Das Menschengeschlecht

Es fürchte die Götter,
das Menschengeschlecht!
Johann Wolfgang Goethe

Es fürchte Gott
das Menschengeschlecht!
Es erfand das Schafott
und beugt das Recht!

Das Menschengeschlecht,
dem Gott das Leben geschenkt,
es praßt und zecht,
es köpft und henkt!

Es lästert Gott
und leugnet ihn,
und sündigt es ihm zum Spott,
hat Gott ihm längst verziehn!

Der Name Gottes

... es ist, als tät' der alte Gott
mir endlich seinen Namen kund.
Gottfried Keller

Es hat der alte Gott noch nie
mir seinen Namen kundgetan.
Ich hielte es für Blasphemie,
wenn grad er mir sei zugetan!

Es gibt so viele Fromme, die
viel würdiger in ihrem Wahn
als ich, der ich den Anblick flieh
des Schmerzenmanns, in Charons Kahn

mit halbem Fuß schon steh und wart
nur auf den ersten Ruderschlag,
daß mich aus dieser Gegenwart
der Kahn ans andre Ufer trag.

Komplott

... der Genius jauchzt in mir!
Eduard Mörike

Nichts aber jauchzt in mir,
kein Genius, kein Gott!
In mir doch jault das Tier,
das wittert das Komplott

des Schöpfers mit dem Tod!
In meiner Seele brennt
ererbter Sünde Jod!
Er, der sich Vater nennt,

hat uns zur Sterblichkeit
im Racherausch verdammt!
Der Tod steht ihm zur Seit'
in seinem Schlächteramt!

Zweifel

Ich glaube und ich glaube nicht.
Der Zweifel mir den Sinn zerfrißt.
Ich lieb das Dunkel, lieb das Licht,
das zu erscheinen nicht vergißt.

Ich lieb den Gott und lieb ihn nicht,
der mir das Licht, das Dunkel ist.
Ob er mich kennt und mein Gedicht,
mich zu erwecken nicht vergißt?

In Gottes Hand

Wie soll ich, Gott, dich fassen
mit unvollkommenem Verstand!
Soll ich dich lieben, hassen?
Du hast oft eine harte Hand!

Oft möcht ich sie liebkosen,
wenn sie mir Rosen streut,
dann wieder von mir stoßen,
wenn sie mir Dornen beut!

Wenn ich die Peitsche spüre,
darauf das Zuckerbrot
- ist's göttliche Allüre? -,
dann wünscht ich, Gott sei tot!

WOHLGETAN?

WAS GOTT TUT, das ist wohlgetan …
Samuel Rodegast

Was Gott tut, ist das wohlgetan?
Mich ficht so mancher Zweifel an!

Als Gott das menschliche Geschlecht
erschaffen hat, war das denn recht?

Erschuf er nicht mit ihm die Qual,
zu leben in dem Tränental,

das auch er schuf! War das denn gut,
und daß an uns klebt Abels Blut

noch immer schmerzhaft ungesühnt!
Wes Schuld ist's, daß sich Kain erkühnt?

Auf Erden

Und auch die Schlange hat der Herr
aus seinem Paradies verbannt.
Uns aber ist, des Herrn Gescherr,
der Schlange Biß ins Fleisch gebrannt.

Die Wunde schwärt, kein Sternentau
löscht aus der Wunde Feuerbrand.
Der Tau der Asphodelenau
netzt unserer Verbannung Land.

Nicht eine Träne Gottes stillt,
nicht eine einzige, den Brand
in unsrer Seele! Nicht gewillt
ist Gott, zu reichen uns die Hand!

Liegt's nicht an uns, ihm zu verzeihn,
der in Versuchung uns geführt,
in uns, sein Ebenbild zu sein,
selbst solch Vermessenheit geschürt!

Unsterblich

Bin ich dein Ebenbild,
dann bin ich auch dein Leib!
Dann bist du, Gott, mein Schild,
was auch der Teufel treib!

Bin unverwundbar auch
wie du! Nicht anrührt mich
des Todes giftger Hauch!
Unsterblich bin auch ich!

Mensch, werde wesentlich!

Mensch, werde wesentlich!
Angelus Silesius

Mensch, werde wesentlich!
Je mehr ich nachgedacht,
wes Wesens sei mein Ich,
sah ich in mir nur Nacht!

Der ich entfremdet bin
schon längst dem Schöpfer mein,
werd, sterbe ich ihm hin,
dann seines Wesens sein?

An Gott

Warum zerstörst du wieder,
was du erschaffen hast?
Warum drückst du uns nieder?
Warum sind wir nur Gast

auf dieser deiner Erde,
die uns geworden lieb?
Daß uns das Ende werde,
warum dein harter Hieb?

Du liebst doch deine Kinder!
Du überläßt, Gott, sie
dem Tod, dem grausen Schinder,
wie wir dem Schlächter Vieh!

Um nichts sonst wir dich bitten,
als um Barmherzigkeit!
Wenn wir genug gelitten,
warum erst Seligkeit?

Erdacht?

Haben wir uns Gott erdacht
aus Furcht vor dem Sterben?
Haben wir uns das ewige Leben erdacht
aus Furcht, auf ewig zu verderben?
Haben wir uns das Paradies erdacht,
um auf ewig selig zu werden?
Wer aber hat uns erdacht
als der Erbsünde Erben?

Tiefe Finsternis

Was auf das Leben folgt, deckt tiefe Finsternis.
Immanuel Kant

Was auf das Leben folgt, deckt tiefe Finsternis,
und auch die Hoffnung uns erhellt das Dunkel nicht.
Der Himmel trügt mit seinem trügerischen Licht,
und ob wir überwinden je das Hindernis,

das zwischen Gott und Menschen seit Urzeiten klafft,
ein starker Glaube nur läßt uns verzweifeln nicht.
Was wissen wir, wenn uns zuletzt das Auge bricht,
ob uns die Blindheit erst das ewge Sehen schafft.

Fragen über Fragen

Wir sind so komische Ebenbilder
des Gottes, der uns schuf.
Schuf er uns wilder
als er selber ist, wo bleibt dann sein Ruf?

Schuf er uns milder,
und zu welchem Behuf?
Sind wir nicht seine Ebenbilder,
wer aber ist es dann, der uns schuf?

In der Sistina

(Zum Deckengemälde von Buonarotti)

Hätte Gott mit seinem Zeigefinger
Adams hoch erhobne Hand berührt,
hätte dieser Gottes Gunst verspürt,
war der Abstand doch ein nur geringer!

Maler, warum hast du ihn gelassen,
den nur Gottes Funke überspringt?
Ist es dieser Riß, der Menschen zwingt,
feind zu sein einander, sich zu hassen?

An den Unbekannten

Ich will dich kennen, Unbekannter ...
Friedrich Nietzsche

Ich will dich kennen, Unbekannter!
Ich bete, gib dich zu erkennen!
Ich bin ein in dies Sein Verbannter!
Ich möchte dich beim Namen nennen!

Ich will dich kennen, Unbekannter!
Du aber, willst auch du mich kennen?
Ich aber bin ein Unbenannter!
Willst du mich nicht beim Namen nennen?

In Gottes Rechnung

... ich rufe Dich; und Du bist weit.
Rudolf Alexander Schröder

Ich rufe Dich, und Du bist weit.
Du wohnst in Deiner Ewigkeit.
Ich aber wohn im Tränental,
und Du weißt nichts von meiner Qual,

weißt nichts von meiner Sterblichkeit,
Unsterblicher, von meiner Zeit,
zu kurz bemessen allemal.
Ich bin in meiner Nichtigkeit
in Deiner Rechnung keine Zahl!

Es liegt an Dir, o Herr!

Bete? Herr,
bete zu uns,
wir sind nah.
Paul Celan

Wir beten, Herr, zu Dir,
doch bist Du uns so fern
wie jeder fernste Stern,
und dennoch beten wir.

Nun aber liegt's an Dir,
zu uns zu beten, Herr,
wenn wir nicht bloß Gescherr,
sondern der Schöpfung Zier!

Aber wer bin ich dass

aber wer bin ich daß
Marie Luise Kaschnitz

Den Gott im Himmel droben,
was soll ich ihn denn loben,
der ich armselig bin,
nicht reiche an ihn hin!

Im Staub kann ich nur kriechen
vor ihm, der mich läßt siechen!
Und was bedeutet ihm
mein Lob, den Chrubim

und Seraphim lobpreisen!
Hört er denn meine leisen
Gebete, Bitten nicht,
der ich vor ihm ein Wicht?

Nicht genug

Gott nicht gelobt
aber wer bin ich daß
Marie Luise Kaschnitz

Ich hätte ihn loben sollen,
den Schöpfer aller Dinge!
Es ist nicht genug, ihm nicht zu grollen,
nicht genug, daß ich ihm meine Lieder singe!

Aber wozu ihn loben,
der meines Lobes nicht bedarf,
hat er mich doch des Paradieses enthoben,
als er mich verwarf!

Ich bin ihm wohl mißlungen,
bin nur ein Entwurf geblieben!
Ich habe meine Lieder gesungen,
ohne ihn zu hassen, ohne ihn zu lieben!

Ich habe seine Schöpfung gelobt
in meinen Liedern.
Wird er mir, in dem noch die Erbsünde tobt,
erwidern?

Kain

Wie hält es Gott mit Kain,
der Abel hat erschlagen?
Wird er ihm Rächer sein
und schlägt er Kain mit Plagen?

Wird er den Mord verzeihn,
der Rache er entsagen?
Hat doch auch für den Kain
sein Sohn das Kreuz getragen!

Musse

Der Gott hat Muße.
Oskar Loerke

Der Gott hat Muße.
Wir aber hasten
von Sünd zur Buße,
bis wir im Kasten.

Dann endlich Muße?
Viel Zeit zum Rasten?
Drohn auf dem Fuße
uns neue Lasten?

Der Gott hat Muße,
uns abzutasten,
ob langt die Buße:
nur Staub zum Fasten!

Entseelt

Verlernt, die Knie zu beugen,
zum Kreuz emporzublicken.
Wir rufen Gott zum Zeugen,
Untaten abzunicken.

Der Endlichkeit wir spotten.
Des Nächsten wir hohnlachen.
Wir stehen auf in Rotten.
Der Feueröfen Rachen,

wir füttern sie mit Seelen,
gegeißelt aus den Leibern.
Die Opferfeuer schwelen.
Wir halten zu den Treibern.

Wir halten zu den Jägern.
Verlernt, das Kreuz zu tragen.
Wir halten zu den Schlägern.
Am End bleibt uns der Schragen.

Schrei nach Erlösung

Wir trinken aus dem Kelch das Blut,
das du vergossen hast, Sohn Gottes.
Jedoch, es löscht nicht unsern Durst,
die wir Erfinder des Schafottes!

Wir dürsten nach Unsterblichkeit.
Wir hungern nach dem ewgen Leben!
Nicht sättigt uns dein Hostienleib!
Dein Vater hat uns nicht vergeben!

Dein Kreuzestod, Sohn Gottes, wann
erlöst er uns von der ererbten
Verbannung in das Erdverlies,
vom Kainsmal, in die Stirn gekerbten?

Der Menschensohn

Im Herbst das Abschiednehmen,
das ist's, was doppelt zählt.
Vor uns der Zukunft Schemen
und hinter uns, was quält.

Die Rosen sich entblättern.
Ach, es genügte schon
von all den vagen Rettern
der einzige, der Sohn!

Himmel und Hölle

Der Himmel sei da für alle,
für die Guten wie für die Bösen.
Wozu dann die Hölle?

Diese gibt es nur auf Erden,
auf daß wir geläutert werden,
den Himmel uns erlösen!

Jeden Morgen

Jeden Morgen die Auferstehung,
probeweise für später.
Es braucht nur eine Erdumdrehung,
schon zeigt sich die offne Wunde im Äther.

Jede Nacht die Schlafverwehung,
des Todes Bruders Umarmen.
Aber am Morgen die Auferstehung,
das probeweise Erwarmen.

Heimatlos

Wer weiß denn schon,
ob er jemals aufersteht!
Ist das der Hoffnung Lohn,
daß unsern Staub der Wind verweht?

Zu Dünen häuft der Wind
unseren Staub.
Doch Gott ist blind,
und Gott ist taub.

Der Strandhafer wächst
aus dem Sand.
Unsere Seele ächzt,
weil sie noch keine Heimat fand.

Mutig

Die Mutigen wissen,
daß sie nicht auferstehn …
Marie Luise Kaschnitz

Ich bin mutig zu glauben,
daß ich auferstehen werde.
Die Wissenden aber schnauben:
Du bist nichts anderes als Erde!

Ich bin mutig zu wissen,
daß ich eine Seele habe.
Die trägt man nicht beflissen
wie den Leib zu Grabe!

Ich bin mutig zu hoffen,
meiner Seele stehe
der Himmel offen,
die leicht ist wie Blütenhauch der Schlehe!

Am Tag danach

Nicht anders webt die Spinne
ihr Netz am Tag, an dem ich nicht mehr bin.
Sie wird nicht meines Nichtseins inne
und zieht wie immer ihre Fäden hin

von Halm zu Halm und äugt nach Beute.
Es fängt der Falter sich im Netz wie eh.
Die Menschen jagt der Tod wie Hundemeute
den Hasen und das scheue Reh.

Jetzt bin ich außer seinen Fängen.
Er hat nun keine Macht mehr über mich.
Jetzt lauscht die Seele den Gesängen
der Sphären, da die Last des Leibes von ihr wich.

Anmerkung

Max Eham, geb. 1915 in Miesbach, gest. 2008 in München, war Priester, Domkapellmeister in Freising (1949 – 1969) und in München (1969 – 1990), Musikerzieher, Hochschullehrer, Honorarprofessor und Komponist.
Der Autor war lange Jahre Geiger bei den Domorchestern Freising und München und an der Uraufführung der Missa in D-Dur (Haec Dies, 1949) und der Missa in F-Dur (1951) von Max Eham beteiligt.

Inhalt